VENTE
des 11 et 12 Décembre 1908
A DEUX HEURES
HOTEL DROUOT — SALLE N° 1
EXPOSITION PUBLIQUE
Le Jeudi 10 Décembre 1908
DE 2 H. A 6 H.

Beaux Meubles
ARTISTIQUES
Salons en Tapisserie d'Aubusson
STYLE LOUIS XVI
OBJETS D'ART
TABLEAUX

Me GEORGES TIXIER
Commissaire-Priseur

M. ARTHUR BLOCHE
Expert près la Cour d'Appel

C. CHAUFOUR RUE MILTON 8-10
PARIS

CATALOGUE

DE

BEAUX MEUBLES

ARTISTIQUES

Salons en tapisserie d'Aubusson style Louis XVI

GRANDE SALLE A MANGER A SUJETS DE CHASSE

BELLES CHAMBRES A COUCHER, DÉCOR VERNIS MARTIN

en bois sculpté et laqué, style XVIIIe siècle

Cabinet de travail — Bibliothèque — Boudoir

Cabinets de toilette — Vestibule

MEUBLES ANCIENS ET DE FANTAISIE

MARBRES DE LEVASSEUR ET D'APRÈS ALLEGRAIN

Bronzes, Terres cuites, Porcelaines, Faïences

Services de table et de verrerie, Objets divers

TABLEAUX — PASTELS — DESSINS

TAPIS D'ORIENT ET D'AUBUSSON, TENTURES

Garde-robe de femme

DONT LA VENTE AURA LIEU

HOTEL DROUOT - SALLE N° 1

Les Vendredi 11 et Samedi 12 Décembre 1908

A DEUX HEURES

Me Georges TIXIER	**M. Arthur BLOCHE**
COMMISSAIRE-PRISEUR	EXPERT PRÈS LA COUR D'APPEL
45, Chaussée d'Antin, 45	*52 — Rue de Châteaudun — 52*

CHEZ LESQUELS SE TROUVE LE PRÉSENT CATALOGUE

EXPOSITION PUBLIQUE

Le Jeudi 10 Décembre 1908, de 2 heures à 6 heures

CONDITIONS DE LA VENTE

La vente sera faite expressément au comptant.

Les acquéreurs paieront 10 o/o en sus des enchères.

L'exposition mettant le public à même de se rendre compte de l'état des objets, il ne sera admis aucune réclamation une fois l'adjudication prononcée.

DESIGNATION

MEUBLES

1 — Beau mobilier de salon composé d'un canapé et quatre fauteuils en tapisserie d'Aubusson à sujets allégoriques aux fables de Lafontaine sur fond blanc contre fond bleu à encadrements de fleurs, bois sculpté et doré, style Louis XVI.

2 — Deux chaises bois sculpté, style Louis XVI.

3 — Bahut en bois sculpté et laqué, style Louis XVI.

4 — Petit paravent à trois feuilles en bois sculpté et doré garni de soierie, style Louis XVI.

5 — Bel ameublement de chambre à coucher en bois sculpté, forme galbeuse, décor genre vernis Martin à fleurs et oiseaux, style Louis XV composé de deux lits jumeaux, une grande armoire à glace à trois corps, deux tables de nuit à galerie.

6 — Meuble psyché flanqué de deux corps formant chiffonnier, même travail.

7 — Très grande glace de Venise avec cadre à fronton gravé.

8 — Grande glace florentine.

9 — Ameublement de chambre à coucher en bois sculpté et laque blanc, style Louis XVI décor à guirlandes de fleurs et ornements composé d'un grand lit de milieu avec sommier, une armoire à glace à deux portes et une table de nuit.

10 — Grand buffet monumental en chêne sculpté ouvrant à quatre portes représentant en haut relief des sujets de chasse avec fronton offrant des chiens, poursuivant caille et perdrix. Larg. : 3 mètres; haut. : 3m50.

11 — Buffet à étagères en chêne sculpté décor oiseaux, animaux et ceps de vigne.

12 — Grande table en bois de chêne américain, ornée de sculptures à pieds tors.

13 — Table à thé en laque de Chine.

14 — Ameublement de salon, style Louis XVI, composé d'un grand canapé, quatre fauteuils, quatre chaises en tapisserie d'Aubusson, bois sculpté.

15 — Pouf en tapisserie de soie à la main.

16 — Table de salon en marqueterie, style de Boule, garnie de bronzes dorés.

17 — Bahut en marqueterie, style de Boule orné de bronzes dorés.

18 — Grande glace avec cadre à fronton doré.

19 — Glace avec cadre doré, style Louis XVI.

20 — Trumeau en bois sculpté laqué blanc.

21 — Pupitre en bois sculpté, porté par un négrillon.

22 — Ameublement de salon, composé d'un canapé, quatre fauteuils et deux chaises, couverts en tapisserie.

23 — Grande bibliothèque en bois noir sculpté d'aspect monumental.

24 — Cage de coffre-fort en palissandre.

25 — Grande table-bureau en bois noir incrusté d'ivoire gravé et d'ébène, style Louis XIII.

26 — Cheminée en bois sculpté ornée de plaques en faïence de Gien.

27 — Canapé et deux fauteuils couverts en tapisserie.

28 — Divers sièges et tables laqués.

29 — Table en bois noir et cuivre.

30 — Grand meuble chinois garni de bronzes.

31 — Mobilier de chambre à coucher en bois laqué blanc, décor à fleurs et oiseaux, composé de deux lits jumeaux, une armoire à glace, une table de nuit et la literie.

32 — Secrétaire et table-bureau, même travail.

33 — Ameublement de salle à manger en bois noir sculpté, composé d'un buffet, table à rallonges et chaises.

34 — Deux supports en bois sculpté.

35 — Siège forme X en bois sculpté.

36 — Canapé et deux fauteuils, couverts en tapisserie.

37 — Table en bois noir et cuivre.

38 — Petit bureau en bois de luxe.

39 — Chaise couverte en étoffe de fantaisie.

40 — Canapé et deux fauteuils, couverts en étoffe de fantaisie.

41 — Deux chaises bois laqué, style Louis XVI.

42 — Guéridon en bois laqué.

43 — Deux chaises et un fauteuil en bois d'acajou, couverts en étoffe brochée.

44 — Armoire à deux portes en noyer.

45 — Deux paravents de fantaisie.

46 — Secrétaire en acajou.

47 — Deux divans couverts de karamanie.

48 — Grande et belle bibliothèque monumentale en bois de poirier noirci, ouvrant à portes pleines et autres garnies de glaces.

49 — Grande table en bois de poirier sculpté à fleurs.

50 — Quatre chaises couvertes en tapisserie au point.

51 — Ancien coffre de mariage en bois sculpté.

52 — Bibliothèque de style Louis XVI, en bois sculpté laqué blanc.

53 — Bureau en bois sculpté laqué blanc.

54 — Bibliothèque tournante, même style.

55 — Casier à musique, même style.

56 — Deux supports laqués blanc.

57 — Siège forme X en bois laqué blanc.

58 — Trois tables en bois laqué blanc.

59 — Meuble de petit salon en bois laqué et canné : canapé, quatre fauteuils et six chaises.

60 — Ameublement de salon en tapisserie au point, composé d'un grand canapé, quatre chaises et deux chauffeuses.

61 — Guéridon en palissandre sculpté.

62 — Console en palissandre sculpté.

63 — Glace florentine.

64 — Deux étagères à superposition en laque de Chine.

65 — Table à ouvrage en laque de Chine.

66 — Glace avec cadre bois sculpté.

67 — Grand lit américain en fer et cuivre, avec son sommier pliant.

68 — Commode-toilette avec glace.

69 — Six chaises de fantaisie.

70 — Chaise-longue laquée et dorée.

71 — Canapé, deux fauteuils et deux chaises en paille multicolore.

72 — Grande psyché Empire en chêne sculpté.

73 — Commode-toilette Empire.

74 — Coucou en chêne sculpté.

75 — Divers meubles en chêne sculpté.

76 — Deux chiffonniers en chêne sculpté.

77 — Armoire bretonne en bois sculpté.

78 — Chiffonnier en bois de luxe et bronzes.

79 — Quatre sièges variés de forme, en bois verni.

80 — Table en bois verni.

81 — Glace, cadre en chêne sculpté.

82 à 90 — Divers meubles de fantaisie et de service.

91 — Porte-parapluie formé par un chien griffon en bois sculpté.

92 — Trois grandes jardinières en bois sculpté, style ancien.

93 — Porte-manteaux en bois sculpté, fond de glace, style Renaissance.

94 — Porte-chapeaux de même genre.

95 — Baromètre en bois sculpté, sujet de chasse.

96 — Grand coffre couvert en tapisserie au point.

96 *bis* — Cartel en bois sculpté.

97 — Grande jardinière en bois laqué blanc.

98 — Deux petites étagères même genre.

99 — Table à ouvrage en laque rouge impériale, décorée en relief, animaux, fleurs et scarabées.

100 — Grande glace cadre doré.

101 — Psyché en bois laqué.

102 — Grande toilette en bois laquée.

103 — Guéridon même genre.

104 — Séchoir analogue.

105 — Glace avec cadre analogue.

106 — Sièges en bois laqué couverts en velours.

107 — Etagères orientales.

108 — Ameublement de chambre à coucher en bois laqué, lit garni d'étoffe avec literie et table de nuit.

109 — Deux fauteuils et deux chaises bois laqué.

110 — Glace avec cadre laqué.

111 — Armoire à glace en acajou.

112 — Commode-toilette en acajou.

113 — Grand trumeau en bois sculpté de la Régence.

114 — Table à ouvrage en laque rouge de Chine.

OBJETS D'ART

115 — Très beau et important groupe équestre marbre blanc : *L'Amazone*, représentée nue sur le cheval Pégase dans une attitude énergique et charmante. Œuvre de LEVASSEUR (signée). Haut : $0^{m}84$.

116 — Statuette en marbre blanc : *La Baigneuse* d'après ALLEGRAIN. Haut. : $0^{m}90$.

117 — Buste en marbre blanc : *Marie-Antoinette*.

118 — Petit buste d'enfant en marbre blanc, de FRANÇOIS.

119 — Groupe de sept figures en biscuit : *La Marchande d'amours*.

120 — Groupe de cinq figures en biscuit : *Le Couronnement de l'amour*.

121 — Paire de potiches avec couvercles en porcelaine de Chine, décor à paysages.

122 — Deux vases de Chine forme boule avec couvercles, décor en polychrome.

123 — Trois vases et deux cornets, décor en couleur sur fond craquelé de Chine.

124 — Paire de vases, décor en bleu sur blanc, de Chine.

125 — Jardinière ronde, riche décor à personnages.

126 — Deux grands vases japonais, décor polychrome.

127 — Belle statue en marbre: Danseuse espagnole, signée Lévi.

128 — Grand buste de femme en marbre de Carrare.

129 — Grand buste de femme en marbre, signé Dantan. Salon de 1847.

130 — Gaîne-support à quatre colonnes en marbre.

131 — Deux colonnes en marbre et bronze Empire.

132 — Deux statuettes de Vienne: Faust et Marguerite.

133 — Garniture de cheminée en onyx et bronze doré, pendule et candélabres.

134 — Quatre appliques en bronze et cristal de Baccarat.

135 — Panoplie d'armes françaises.

136 — Panoplie d'armes japonaises.

137 — Paire de grandes appliques en bronze doré.

138 — Galerie de foyer, pelles et pincettes en bronze.

139 — Pare-étincelles forme éventail.

140 — Groupe en bronze: Cornélie et ses enfants, de Morin.

141 — Garniture de toilette en cristal de Baccarat.

142 — Deux lampes ornées de cabochons en cristal de Saint-Louis.

143 — Buste en terre cuite: Nelson, signé POUJEOT.

144 — Coupe de surtout en bronze et cristaux.

145 — Eventail pare-étincelles en bronze.

146 — Lampe de parquet en bronze.

147 — Ecran de fantaisie.

148 — Lustre en bronze.

149 — Devant de feu avec pelle et pincettes en cuivre.

150 — Devant de feu et chenêts en bronze.

151 — Jeu d'échecs, lampes, albums, encriers de fantaisie.

152 — Vase Premier Empire.

153 — Pendule architecturale en bois.

154 — Autre pendule en bois sculpté.

155 — Chinoise en terre cuite.

156 — Grandes palmes peintes.

157 — Fanion de Pavillons-Noirs du Tonkin.

158 — Nombreuses assiettes en faïences anciennes et modernes de diverses fabriques.

159 — Deux lampes en bronze à sujets et ornements.

160 — Statuette en terre cuite : Bacchante, signée CLODION.

161 — Bas-relief en marbre : Eve.

162 — Grande statuette en bois de fer : Chingulais en prière. (Œuvre d'un artiste célèbre à Ceylan.)

163 — Statuette en bronze : la Petite fille au chien.

164 — Beau grpupe en bronze : lion dévorant une martyre.

165 — Crande terre cuite de CARPEAUX : l'Ingénue (Salon de 1874).

166 — Lustre en bronze.

167 — Grande statuette en biscuit : la Source.

168 — Deux panneaux en laque rouge offrant en relief des oiseaux et des fleurs. Signés. Travail du Japon.

169 — Bronze : la Découverte, signé FERVILLE-SUON.

170 — Deux corbeilles en porcelaine de JACOB PETIT.

171 — Statuette en terre cuite : la Source, de MADRASSI.

172 — Deux boîtes à pâtes au chiffre de Napoléon III.

173 — Service à thé en vieux Creil, décor en violet et or.

174 — Coupe en porcelaine de Saxe à fleurs.

175 — Deux grandes statuettes de Saxe : Marquis et Marquise.

176 — Service de table et à dessert en porcelaine fine, décor à fleurs, orchidées.

177 — Services à thé et à café analogues.

178 — Services de verrerie et en cristal de Bohème.

179 — Coupe de surtout en cristal montée en bronze.

180 — Coupe en porcelaine de Chine, décor polychrome.

181 — Deux grands vases chinois, décor à personnages.

182 — Bas-relief en cuivre repoussé : le Chasseur fortuné. Signé VAN FALENS.

183 — Bas-relief en bronze : la République casquée.

184 — Tableau en bois sculpté : grand bouquet de fleurs, signé TEXIER.

185 — Suspension de vestibule en verre, dentelle à fleurs multicolores.

186 — Paon et paonne en bronze japonais.

187 — Beau brûle-parfums en bronze chinois.

188 — Deux grands plateaux en cuivre gravé de l'Inde.

189 — Service à café oriental en cuivre gravé.

190 — Grand samovar en bronze russe et ouvré.

191 — Deux appliques bronze blanc à branches de chêne et têtes de sanglier.

192 — Garnitures de cheminée et de foyer en fer représentant la Tour de Verneuil, avec pelle et pincettes en fer forgé.

193 — Vierge en faïence italienne.

194 — Grande coupe en porcelaine de Sèvres, décor marbré.

195 — Grande statuette d'Egyptienne en bronze et émail.

196 — Eléphant portant une pagode en bronze de l'Extrême-Orient.

197 — Statuette en bronze : « Le Joueur de sistre.

198 — Médaillon en ivoire, école italienne.

199 — Deux sabres chinois.

200 — Terre cuite : Lamartine, signée LEFÈVRE.

201 — Bronze : L'Iliade d'Homère.

202 — Chien de Fô en grès.

203 — Diverses pièces de forme en faïence et en terre cuite.

204 — Statuette en biscuit : Le Toréador.

205 — Terre cuite : Mme Récamier.

206 — Pendule et deux coupes en onyx.

207 — Pendule en bois découpé.

208 — Galerie de foyer en cuivre.

209 — Flambeaux arabes.

210 — Plat en faïence, peinture représentant la Vierge.

211 — Peinture sur ivoire : La Vierge.

212 — Chaise à porteurs formaut vitrine.

TABLEAUX

PASTELS, DESSINS

213 — AMILCARE CIPRIANI. Vue de Monaco. Aquarelle.

214 — BELLANGER. Portrait de l'Impératrice Eugénie à cheval, signé.

215 — FORT. Scène des ports. Aquarelle.

216 — GIACOMELLI. Les Mésanges.

217 — GIMESSAT. Fantaisie. Aquarelle.

218 — JONGKIND (Signé de). Natures mortes. Deux tableaux.

219 — MANET. Portrait de l'artiste, Dessin.

220 — MASSON. Bords de la Marne.

221 — PRIMATICE (Genre du). Allégorie.

222 — STEEN (École de JEAN). Portrait présumé du peintre.

223 — ROBERT (D'après TONY). Les Saisons, quatre gravures.

224 — ÉCOLE ALLEMANDE. Peinture sur cuivre.

225 — ÉCOLE ANCIENNE. La Résurrection de Lazare.

226 — ÉCOLE ANGLAISE. La Dune, gravure anglaise.

227 — ÉCOLE CHINOISE. Sujets allégoriques. Deux panneaux peintures sur verre.

228 — ÉCOLE FRANÇAISE. Fleurs, pestel ovale.

229 — ÉCOLE FRANÇAISE. Roland blessé.

230 — ÉCOLE FRANÇAISE. Militaire.

231 — ÉCOLE FRANÇAISE. Portrait du khédive. Dessin.

232 — ÉCOLE FRANÇAISE. Vue de Nice. Aquarelle.

233 — ÉCOLE FRANÇAISE. Grand paysage.

234 — ÉCOLE FRANÇAISE. Fleurs. Pastel.

235 — ÉCOLE FRANÇAISE. Paysage. Pastel.

236 — ECOLE FRANÇAISE. Fleurs, dessus de porte.

237 — ECOLE ITALIENNE. Sainte Cécile ; grand tableau.

238 — ECOLE ITALIENNE. Vierge éplorée; pastel.

239 — ECOLE ITALIENNE. Scène religieuse.

240 — ECOLE ITALIENNE. Le gourmand.

241 — ECOLE ITALIENNE. Le couvent.

242 — ECOLE ITALIENNE. Le moulin.

243 — ECOLE ITALIENNE. La contaduna.

244 — ECOLE MODERNE. La teurton.

245 — ECOLE MODERNE. Paysage et volcan ; deux peintures sur cuivre.

246 — ECOLE MODERNE. Scènes de genre ; deux tableaux.

247 — ECOLE MODERNE. Paysage ; aquarelle.

248 — ECOLE MODERNE. La musique.

249 — ECOLE MODERNE. Paysages ; deux sépias.

250 — ECOLE PRIMITIVE. Sujet de l'ancien testament.

251 — ECOLE RUSSE. Grand tableau allégorique.

TENTURES, TAPIS

252 — Deux tapis genre oriental.

253 — Quatre rideaux en soierie verte.

254 — Deux rideaux genre tapisserie.

255 — Trois décors de fenêtres en tapisserie de Neuilly, dessin à chimères et oiseaux.

256 — Grand tapis de table en velours et tapisserie au point.

257 — Grande carpette d'Aubusson, décor polychrome, fleurs et ornements.

258 — Grand tapis d'Aubusson à décor polychrome.

259 — Deux décors de fenêtres formés de deux paires de rideaux en tapisserie d'Aubusson à fleurs, avec galeries dorées. Haut. : $3^{m}10$.

260 — Couvre-lit en dentelle indoue.

261 — Tapis de Kiva, fond grenat, bordure fond crême.

262 — Grand tapis grenat au point noué.

263 — Tapis ancien de Khorassan fond vert, dessin à médaillon fond rouge.

264 — Tapis de Perse, fond bleu, bordure fond rouge brique.

265 — Tapis indien, fond marron, dessin polychrome.

266 — Tapis de Sarabend, fond bleu, dessins à médaillon blanc.

267 — Tapis de Schoumak, fond rouge avec médaillon fond bleu.

268 — Plusieurs pièces de garderobe de femme.

269 — Objets omis.

www.ingramcontent.com/pod-product-compliance
Ingram Content Group UK Ltd.
Pitfield, Milton Keynes, MK11 3LW, UK
UKHW032025260826
14628UKWH00006B/2731

9 782329 510156